Ricettario di:

_____

Scarica il Bonus Gratuito facendo la scansione del seguente qrcode con il tuo smartphone o tablet:

Ricette

	Antipasto	Primo	Secondo	Contorno	Dolce	Evitare...	
1 Carpaccio di tonno fresco con insalatina mista	●	○	○	○	○	○	○
2 Tortiglioni con verza e crema di gorgonzola	○	●	○	○	○	○	○
3 Filetti di trota panati alle erbe	○	○	●	○	○	○	○
4 Melanzane e zucchine a funghetto	○	○	○	●	○	○	○
5 Ciambella al te matcha e cacao con grano cotto	○	○	○	○	●	○	○
6 Fiori di zucca fritti (senza uova)	○	○	○	○	○	●	○
7	○	○	○	○	○	○	○
8	○	○	○	○	○	○	○
9	○	○	○	○	○	○	○
10	○	○	○	○	○	○	○
11	○	○	○	○	○	○	○
12	○	○	○	○	○	○	○
13	○	○	○	○	○	○	○
14	○	○	○	○	○	○	○
15	○	○	○	○	○	○	○
16	○	○	○	○	○	○	○
17	○	○	○	○	○	○	○
18	○	○	○	○	○	○	○
19	○	○	○	○	○	○	○
20	○	○	○	○	○	○	○
21	○	○	○	○	○	○	○
22	○	○	○	○	○	○	○
23	○	○	○	○	○	○	○
24	○	○	○	○	○	○	○
25	○	○	○	○	○	○	○

Ricette

	Antipasto	Primo	Secondo	Contorno	Dolce		
26	O	O	O	O	O	O	O
27	O	O	O	O	O	O	O
28	O	O	O	O	O	O	O
29	O	O	O	O	O	O	O
30	O	O	O	O	O	O	O
31	O	O	O	O	O	O	O
32	O	O	O	O	O	O	O
33	O	O	O	O	O	O	O
34	O	O	O	O	O	O	O
35	O	O	O	O	O	O	O
36	O	O	O	O	O	O	O
37	O	O	O	O	O	O	O
38	O	O	O	O	O	O	O
39	O	O	O	O	O	O	O
40	O	O	O	O	O	O	O
41	O	O	O	O	O	O	O
42	O	O	O	O	O	O	O
43	O	O	O	O	O	O	O
44	O	O	O	O	O	O	O
45	O	O	O	O	O	O	O
46	O	O	O	O	O	O	O
47	O	O	O	O	O	O	O
48	O	O	O	O	O	O	O
49	O	O	O	O	O	O	O
50	O	O	O	O	O	O	O

Ricette

	Antipasto	Primo	Secondo	Contorno	Dolce		
51	O	O	O	O	O	O	O
52	O	O	O	O	O	O	O
53	O	O	O	O	O	O	O
54	O	O	O	O	O	O	O
55	O	O	O	O	O	O	O
56	O	O	O	O	O	O	O
57	O	O	O	O	O	O	O
58	O	O	O	O	O	O	O
59	O	O	O	O	O	O	O
60	O	O	O	O	O	O	O
61	O	O	O	O	O	O	O
62	O	O	O	O	O	O	O
63	O	O	O	O	O	O	O
64	O	O	O	O	O	O	O
65	O	O	O	O	O	O	O
66	O	O	O	O	O	O	O
67	O	O	O	O	O	O	O
68	O	O	O	O	O	O	O
69	O	O	O	O	O	O	O
70	O	O	O	O	O	O	O
71	O	O	O	O	O	O	O
72	O	O	O	O	O	O	O
73	O	O	O	O	O	O	O
74	O	O	O	O	O	O	O
75	O	O	O	O	O	O	O

Ricette

	Antipasto	Primo	Secondo	Contorno	Dolce		
76	O	O	O	O	O	O	O
77	O	O	O	O	O	O	O
78	O	O	O	O	O	O	O
79	O	O	O	O	O	O	O
80	O	O	O	O	O	O	O
81	O	O	O	O	O	O	O
82	O	O	O	O	O	O	O
83	O	O	O	O	O	O	O
84	O	O	O	O	O	O	O
85	O	O	O	O	O	O	O
86	O	O	O	O	O	O	O
87	O	O	O	O	O	O	O
88	O	O	O	O	O	O	O
89	O	O	O	O	O	O	O
90	O	O	O	O	O	O	O
91	O	O	O	O	O	O	O
92	O	O	O	O	O	O	O
93	O	O	O	O	O	O	O
94	O	O	O	O	O	O	O
95	O	O	O	O	O	O	O
96	O	O	O	O	O	O	O
97	O	O	O	O	O	O	O
98	O	O	O	O	O	O	O
99	O	O	O	O	O	O	O
100	O	O	O	O	O	O	O

Ricetta 1: Carpaccio di tonno fresco con insalatina mista

2 Porzioni

25 min Tempo di Preparazione

_____ Tempo di Cottura

_____ C° Temperatura

Ingredienti

- 200 gr di tonno fresco pinne gialle
- olio
- 1 limone grande o 2 piccoli
- sale
- 1 costa di sedano
- insalatina mista *

Procedimento

Se avete un trancio di tonno intero, mettetelo su un tagliere e con un coltello affilato tagliatelo a fettine mediamente sottili. Distribuite le fettine di tonno in un piatto da portata. A questo punto preparate una salsina di olio, sale e limone oppure aggiungete i singoli ingredienti per volta sulle fette di tonno. Fate marinare per almeno 20 minuti. A questo punto lavate il sedano e l'insalata, affettate il sedano, condite con sale e olio e guarnite il piatto!

Note

*songino, valeriana, rucola e radicchio

Ricetta 2: Tortiglioni con verza e crema di gorgonzola

2 Porzioni

30 min Tempo di Preparazione

20 min Tempo di Cottura

°C Temperatura

Ingredienti

- 200 gr di tortiglioni (o altro formato)
- 200 gr. di verza
- 80-100 gr di gorgonzola piccante
- 1 pezzetto di cipolla
- 1 spicchio d'aglio
- olio extravergine d'oliva

- sale
- speck o lonzino stagionato

Procedimento

Lavate bene le foglie di verza; in una padella con poco olio mettete la cipolla e l'aglio tritati. Fate soffriggere l'aglio e la cipolla quindi aggiungete un po' d'acqua per farli appassire. Quando l'aglio e la cipolla risulteranno morbidi, aggiungere in padella il cavolo verza tagliato a strisciline. Salare, coprire con un coperchio e far appassire la verza per circa 10 minuti, aggiungendo all'occorrenza, un po' d'acqua calda.

Nel frattempo tagliate il gorgonzola a pezzetti e il lonzino a cubetti; unite il gorgonzola alla verza aggiungendo un po' d'acqua o un po' di latte (se la volete più cremosa) e fate sciogliere coperto a fiamma dolce. Cuocete la pasta in abbondante acqua salata, scolatela al dente e saltatela in padella con il condimento; nel frattempo mettete i cubetti di lonzino in una padella con poco olio e fateli diventare croccanti. Impiattate e servite aggiungendo i cubetti di lonza croccante!

Note

Ricetta 3: Filetti di trota panati alle erbe

3 Porzioni

10 min Tempo di Preparazione

10 min Tempo di Cottura

C° Temperatura

Ingredienti

- 3 filetti di trota iridea
- pangrattato
- aromi secondo gradimento *
- sale
- olio extravergine d'oliva
- zucchine

- aglio
- rosmarino

Procedimento

Lavate e togliete le lische ai filetti di trota (se presenti); mescolate il pangrattato con il sale e gli aromi. Passate bene i filetti di trota nel pangrattato aromatico; io ho utilizzato la mistichella mare, un mix di prezzemolo, basilico, santoreggia, menta e scorza di limone che esalta il sapore del pesce!
Friggete la trota in olio bollente, prima dal lato della carne e poi dal lato della pelle.
Impiattate accompagnando con le zucchine aglio, olio e rosmarino. Io ho aggiunto anche un po' di peperone dolce in fiocchi alle zucchine per dare un tocco di colore e dolcezza.

Note

*io mistichella mare

Ricetta 4: Melanzane e zucchine a funghetto

3 Porzioni

30 min Tempo di Preparazione

20 min Tempo di Cottura

C° Temperatura

Ingredienti

- 2 melanzane
- 1 zucchina
- 1 aglio
- 150 gr. di pomodori
- qualche foglia di basilico
- olive nere

- 1 manciata di capperi sotto sale
- olio di semi per friggere

Procedimento

Lavate con cura le melanzane e la zucchina, asciugatele, privatele del picciolo e tagliatele a cubetti. Quindi friggetele, poche per volta, in un padella con abbondante olio di semi. Quando sono colorite sgocciolatele e mettetele in un piatto con un foglio di carta assorbente. Friggete analogamente anche le zucchine. Nel frattempo in una padella fate rosolare delicatamente metà dei capperi precedentemente sciacquati sotto l'acqua corrente.

A questo punto aggiungete i pomodori tagliati a pezzetti, i rimanenti capperi, l'aglio in camicia (con la buccia), e il basilico spezzettato. Fate cuocere il pomodoro e, a fine cottura, eliminate l'aglio. A questo punto aggiungete le zucchine e le melanzane a cubetti precedentemente fritte e le olive nere. Regolate di sale quindi mescolate e fate finire di insaporire e cuocere. Impiattate e servite!

Note

Ricetta 5: Ciambella al te matcha e cacao con grano cotto

Porzioni

🕐 60 min
Tempo di Preparazione

50 min
Tempo di Cottura

°C° 180°
Temperatura

Ingredienti

- 150 gr. di farina
- 200 gr. di grano cotto
- 1 uovo
- 200 gr. di zucchero
- 1 bustina di lievito vanigliato per dolci
- 50 gr. di formaggio cremoso *

- 10 gr. di polvere di the matcha
- 80 ml di acqua
- 2 cucchiai di cacao dolce
- zucchero a velo

Procedimento

Montate l'uovo con lo zucchero con uno sbattitore, aggiungendo la farina, il grano cotto e il formaggio cremoso. Iniziate a lavorare il tutto a velocità medio bassa unendo acqua quanto basta per ottenere un composto fluido. Aggiungete il lievito e mescolate, quindi dividete l'impasto in due contenitori diversi; in uno aggiungete il the matcha, nell'altro aggiungete un paio di cucchiai di cacao dolce. Mescolate bene per amalgamare il the matcha e il cacao ai due impasti. Alternate i due impasti nello stampo a ciambella. Infornate a 180° per circa 50 minuti (fate la prova stecchino). Sformate su un piatto e spolverizzate con zucchero a velo!

Note

*io Philadelphia

Ricetta 6: Fiori di zucca fritti (senza uova)

Porzioni

30 min
Tempo di
Preparazione

10 min
Tempo di
Cottura

°C
Temperatura

Ingredienti

- fiori di zucca
- farina
- sale
- pepe
- acqua frizzante fresca
- olio per friggere *

- qualche foglia di basilico

Procedimento

Pulite i fiori, aprendo il calice ed eliminando il pistillo centrale, il gambo e i filamenti quindi lavarli. Preparate gli ingredienti per la pastella ed una ciotolina. Nella ciotolina mettete un po' di farina ed il sale e aggiungete a poco a poco l'acqua frizzante. Mescolate bene con una forchetta, per far sciogliere la farina ed evitare grumi. Aggiungete acqua frizzante fredda fino ad ottenere una pastella nè troppo densa nè troppo liquida cui aggiungerete pepe e basilico a pezzetti.
Sgocciolate e asciugate i fiori, quindi immergetene pochi per volta nella pastella aiutandovi con una forchetta. In una padella mettete a scaldare abbondante olio per friggere e, quando è bollente, iniziate a friggere un po' di fiori di zucca per volta. Fateli dorare da entrambe le parti. Quando sono dorati sgocciolateli con una schiumarola e fate assorbire l'olio in eccesso sulla carta assorbente.

Note

* olio d'oliva o di semi di arachide

Ricetta 1: _____

_____ Porzioni

_____ Tempo di Preparazione

_____ Tempo di Cottura

_____ Temperatura

Ingredienti

_____
_____
_____
_____
_____

_____
_____
_____
_____
_____

Procedimento

_____
_____
_____
_____
_____
_____
_____
_____
_____
_____
_____
_____

Note

_____

Ricetta 8: _____

_____ Porzioni   _____ Tempo di Preparazione   _____ Tempo di Cottura   _____ Temperatura

Ingredienti

_____   _____
_____   _____
_____   _____
_____   _____
_____   _____

Procedimento

_____
_____
_____
_____
_____
_____
_____
_____
_____
_____
_____

Note

_____

Ricetta 9: _____

🍴🍽️ _____ Porzioni ⏱️ _____ Tempo di Preparazione 📟 _____ Tempo di Cottura 🌡️ _____ Temperatura

🫑🍗🍋 Ingredienti 🧀🐟🍅

_____   _____
_____   _____
_____   _____
_____   _____
_____   _____
_____   _____

🍆🌶️🥕 Procedimento 🧄🥗🍄

_____
_____
_____
_____
_____
_____
_____
_____
_____
_____
_____

🥒🍋🥦 Note 🥬🧅🥬

Ricetta 10:

Porzioni

Tempo di Preparazione

Tempo di Cottura

Temperatura

Ingredienti

Procedimento

Note

Ricetta 11:

Porzioni

Tempo di
Preparazione

Tempo di
Cottura

Temperatura

Ingredienti

Procedimento

Note

Ricetta 12:

Porzioni

Tempo di Preparazione

Tempo di Cottura

Temperatura

Ingredienti

Procedimento

Note

Ricetta 13: _____

Porzioni _____

Tempo di Preparazione _____

Tempo di Cottura _____

Temperatura _____

Ingredienti

_____ _____
_____ _____
_____ _____
_____ _____
_____ _____
_____ _____

Procedimento

_____
_____
_____
_____
_____
_____
_____
_____
_____
_____
_____
_____

Note

Ricetta 14: _____

Porzioni _____   **Tempo di Preparazione** _____   **Tempo di Cottura** _____   **Temperatura** _____

Ingredienti

_____   _____
_____   _____
_____   _____
_____   _____
_____   _____

Procedimento

_____
_____
_____
_____
_____
_____
_____
_____
_____
_____

Note

_____

Ricetta 15:

Porzioni

Tempo di Preparazione

Tempo di Cottura

Temperatura

Ingredienti

Procedimento

Note

Ricetta 16:

Porzioni

Tempo di Preparazione

Tempo di Cottura

Temperatura

Ingredienti

Procedimento

Note

Ricetta 17: _____

Porzioni _____

Tempo di Preparazione _____

Tempo di Cottura _____

Temperatura _____

Ingredienti

_____   _____
_____   _____
_____   _____
_____   _____
_____   _____

Procedimento

_____
_____
_____
_____
_____
_____
_____
_____
_____
_____
_____
_____

Note

Ricetta 18:

Porzioni

Tempo di Preparazione

Tempo di Cottura

Temperatura

Ingredienti

Procedimento

Note

Ricetta 19: _____

Porzioni _____

Tempo di Preparazione _____

Tempo di Cottura _____

Temperatura _____

Ingredienti

_____   _____
_____   _____
_____   _____
_____   _____
_____   _____
_____   _____

Procedimento

_____
_____
_____
_____
_____
_____
_____
_____
_____
_____
_____
_____

Note

_____

Ricetta 20: _____

🍴🍽 _____ Porzioni   ⏱ _____ Tempo di Preparazione   🍳 _____ Tempo di Cottura   🌡 C° _____ Temperatura

🫑🦐🍋 Ingredienti 🧀🐟🍅

_____   _____
_____   _____
_____   _____
_____   _____
_____   _____
_____   _____

🍆🌶🥕 Procedimento 🧄🥗🍄

_____
_____
_____
_____
_____
_____
_____
_____
_____
_____
_____
_____
_____

🥒🍋🥦 Note 🧅🧅🧄

_____

Ricetta 21:

Porzioni

Tempo di Preparazione

Tempo di Cottura

Temperatura

Ingredienti

Procedimento

Note

Ricetta 22:

Porzioni

Tempo di Preparazione

Tempo di Cottura

Temperatura

Ingredienti

Procedimento

Note

Ricetta 23: _____

🍽 _____ Porzioni   ⏱ _____ Tempo di Preparazione   🍳 _____ Tempo di Cottura   🌡 C° _____ Temperatura

Ingredienti

_____   _____
_____   _____
_____   _____
_____   _____
_____   _____

Procedimento

_____
_____
_____
_____
_____
_____
_____
_____
_____
_____
_____

Note

_____

Ricetta 24:

Porzioni

Tempo di Preparazione

Tempo di Cottura

Temperatura

Ingredienti

Procedimento

Note

Ricetta 25: _____

🍽 _____ Porzioni

⏱ _____ Tempo di Preparazione

🍲 _____ Tempo di Cottura

🌡 C° _____ Temperatura

🫑 🍗 🍋 Ingredienti 🧀 🐟 🍅

_____
_____
_____
_____
_____
_____

_____
_____
_____
_____
_____
_____

🍆 🌶 🥕 Procedimento 🧄 🥜 🍄

_____
_____
_____
_____
_____
_____
_____
_____
_____
_____
_____

🥒 🍋 🥦 Note 🧅 🧄

Ricetta 26:

Porzioni

Tempo di Preparazione

Tempo di Cottura

Temperatura

Ingredienti

Procedimento

Note

Ricetta 27: _____

Porzioni _____

Tempo di Preparazione _____

Tempo di Cottura _____

Temperatura _____

Ingredienti

_____ _____
_____ _____
_____ _____
_____ _____
_____ _____

Procedimento

_____
_____
_____
_____
_____
_____
_____
_____
_____
_____

Note

_____

Ricetta 28:

Porzioni

Tempo di Preparazione

Tempo di Cottura

Temperatura

Ingredienti

Procedimento

Note

Ricetta 29: _____

🍽 _____ Porzioni   ⏱ _____ Tempo di Preparazione   🍳 _____ Tempo di Cottura   🌡C° _____ Temperatura

Ingredienti

_____   _____
_____   _____
_____   _____
_____   _____
_____   _____

Procedimento

_____
_____
_____
_____
_____
_____
_____
_____
_____
_____

Note

_____

Ricetta 30: _____

Porzioni _____

Tempo di Preparazione _____

Tempo di Cottura _____

Temperatura _____

Ingredienti

_____   _____
_____   _____
_____   _____
_____   _____
_____   _____
_____   _____

Procedimento

_____
_____
_____
_____
_____
_____
_____
_____
_____
_____
_____

Note

_____

Ricetta 31: _____

Porzioni _____

Tempo di Preparazione _____

Tempo di Cottura _____

C° Temperatura _____

Ingredienti

_____   _____
_____   _____
_____   _____
_____   _____
_____   _____

Procedimento

_____
_____
_____
_____
_____
_____
_____
_____
_____
_____

Note

_____

Ricetta 32:

Porzioni

Tempo di Preparazione

Tempo di Cottura

Temperatura

Ingredienti

Procedimento

Note

Ricetta 33: _____

🍽 _____ Porzioni

⏱ _____ Tempo di Preparazione

🍲 _____ Tempo di Cottura

🌡 C° _____ Temperatura

🫑🍗🍋 Ingredienti 🧀🐟🍅

_____   _____
_____   _____
_____   _____
_____   _____
_____   _____
_____   _____

🍆🌶🥕 Procedimento 🧄🫛🍄

_____
_____
_____
_____
_____
_____
_____
_____
_____
_____
_____
_____

🥒🍋🥦 Note 🧅🫑

_____

Ricetta 34: _____

🍽 _____ Porzioni　⏱ _____ Tempo di Preparazione　🍲 _____ Tempo di Cottura　🌡 _____ Temperatura

Ingredienti

_____
_____
_____
_____
_____

_____
_____
_____
_____
_____

Procedimento

_____
_____
_____
_____
_____
_____
_____
_____
_____
_____
_____

Note

_____

Ricetta 35: _____

🍽 _____
Porzioni

⏱ _____
Tempo di
Preparazione

🍳 _____
Tempo di
Cottura

🌡C° _____
Temperatura

Ingredienti

_____ _____
_____ _____
_____ _____
_____ _____
_____ _____

Procedimento

_____
_____
_____
_____
_____
_____
_____
_____
_____
_____

Note

_____

Ricetta 36: _____

🍽 _____ *Porzioni*   ⏱ _____ *Tempo di Preparazione*   🔥 _____ *Tempo di Cottura*   🌡 _____ *Temperatura*

Ingredienti

_____   _____
_____   _____
_____   _____
_____   _____
_____   _____

Procedimento

_____
_____
_____
_____
_____
_____
_____
_____
_____
_____

Note

_____

Ricetta 37:

Porzioni

Tempo di Preparazione

Tempo di Cottura

Temperatura

Ingredienti

Procedimento

Note

Ricetta 38:

Porzioni

Tempo di Preparazione

Tempo di Cottura

Temperatura

Ingredienti

Procedimento

Note

Ricetta 39: _____

🍽 _____ Porzioni   ⏱ _____ Tempo di Preparazione   🍳 _____ Tempo di Cottura   🌡 _____ Temperatura

🫑 🍗 🍋 Ingredienti 🧀 🐟 🍅

_____   _____
_____   _____
_____   _____
_____   _____
_____   _____

🍆 🥒 🥕 Procedimento 🧄 🥗 🍄

_____
_____
_____
_____
_____
_____
_____
_____
_____
_____
_____

🥒 🍋 🥦 Note 🧅 🌿 🎍

_____

Ricetta 40:

Porzioni

Tempo di Preparazione

Tempo di Cottura

Temperatura

Ingredienti

Procedimento

Note

Ricetta 41: _____

Porzioni _____   Tempo di Preparazione _____   Tempo di Cottura _____   Temperatura _____

Ingredienti

_____   _____
_____   _____
_____   _____
_____   _____
_____   _____

Procedimento

_____
_____
_____
_____
_____
_____
_____
_____
_____
_____

Note

_____

Ricetta 42:

Porzioni

Tempo di Preparazione

Tempo di Cottura

Temperatura

Ingredienti

Procedimento

Note

Ricetta 43: _____

🍽 _____ Porzioni

⏱ _____ Tempo di Preparazione

🍲 _____ Tempo di Cottura

🌡 C° _____ Temperatura

🫑 🍗 🍋 Ingredienti 🧀 🐟 🍅

_____
_____
_____
_____
_____
_____

_____
_____
_____
_____
_____
_____

🍆 🌶 🥕 Procedimento 🧄 🥗 🍄

_____
_____
_____
_____
_____
_____
_____
_____
_____
_____
_____
_____

🥒 🍋 🥦 Note 🧅 🧅 🥬

_____
_____

Ricetta 44: _____

🍽 _____ *Porzioni*　　⏱ _____ *Tempo di Preparazione*　　🍳 _____ *Tempo di Cottura*　　🌡 _____ *Temperatura*

🫑🍗🍋 Ingredienti 🧀🐟🍅

_____　　_____
_____　　_____
_____　　_____
_____　　_____
_____　　_____
_____　　_____

🍆🌶🥕 Procedimento 🧄🌱🍄

_____
_____
_____
_____
_____
_____
_____
_____
_____
_____
_____

🥒🍋🥦 Note 🧅🌱🧄

_____

Ricetta 45: _____

Porzioni _____

Tempo di Preparazione _____

Tempo di Cottura _____

Temperatura _____

Ingredienti

_____ _____
_____ _____
_____ _____
_____ _____
_____ _____
_____ _____

Procedimento

_____
_____
_____
_____
_____
_____
_____
_____
_____
_____
_____

Note

_____

Ricetta 46: _____

🍴 _____ Porzioni   ⏱ _____ Tempo di Preparazione   🍲 _____ Tempo di Cottura   🌡 _____ C° Temperatura

🫑 🍗 🍋 Ingredienti 🧀 🐟 🍅

_____   _____
_____   _____
_____   _____
_____   _____
_____   _____
_____   _____

🍆 🌶 🥕 Procedimento 🧄 🌰 🍄

_____
_____
_____
_____
_____
_____
_____
_____
_____
_____
_____
_____
_____

🥒 🍋 🥦 Note 🧅 🧅 🧅

_____

Ricetta 47: _____

🍴 _____ Porzioni   ⏱ _____ Tempo di Preparazione   🍳 _____ Tempo di Cottura   🌡 _____ Temperatura

🫑 🍗 🍋 Ingredienti 🧀 🐟 🍅

_____   _____
_____   _____
_____   _____
_____   _____
_____   _____

🍆 🌶 🥕 Procedimento 🧄 🥗 🍄

_____
_____
_____
_____
_____
_____
_____
_____
_____
_____
_____

🥒 🍋 🥦 Note 🧅 🌱 🧄

_____

Ricetta 48: _____

🍽 _____ Porzioni ⏱ _____ Tempo di Preparazione 🔥 _____ Tempo di Cottura 🌡 _____ Temperatura

Ingredienti

_____
_____
_____
_____
_____

_____
_____
_____
_____
_____

Procedimento

_____
_____
_____
_____
_____
_____
_____
_____
_____
_____
_____

Note

_____

Ricetta 49:

Porzioni

Tempo di Preparazione

Tempo di Cottura

Temperatura

Ingredienti

Procedimento

Note

Ricetta 50:

Porzioni

Tempo di Preparazione

Tempo di Cottura

Temperatura

Ingredienti

Procedimento

Note

Ricetta 51:

Porzioni

Tempo di
Preparazione

Tempo di
Cottura

Temperatura

Ingredienti

Procedimento

Note

Ricetta 52: _____

___ Porzioni   ___ Tempo di Preparazione   ___ Tempo di Cottura   ___ Temperatura

Ingredienti

_____   _____

_____   _____

_____   _____

_____   _____

_____   _____

Procedimento

_____

_____

_____

_____

_____

_____

_____

_____

_____

_____

_____

Note

_____

Ricetta 53:

Porzioni

Tempo di Preparazione

Tempo di Cottura

Temperatura

Ingredienti

Procedimento

Note

Ricetta 54:

Porzioni

Tempo di Preparazione

Tempo di Cottura

Temperatura

Ingredienti

Procedimento

Note

Ricetta 55:

Porzioni

Tempo di Preparazione

Tempo di Cottura

Temperatura

Ingredienti

Procedimento

Note

Ricetta 56: _____

Porzioni _____

Tempo di Preparazione _____

Tempo di Cottura _____

Temperatura _____

Ingredienti

_____   _____
_____   _____
_____   _____
_____   _____
_____   _____

Procedimento

_____
_____
_____
_____
_____
_____
_____
_____
_____
_____

Note

_____

Ricetta 57: _____

🍽 _____ Porzioni   ⏱ _____ Tempo di Preparazione   🍲 _____ Tempo di Cottura   🌡 _____ C° Temperatura

🫑🍗🍋 Ingredienti 🧀🐟🍅

_____   _____
_____   _____
_____   _____
_____   _____
_____   _____

🍆🥒🥕 Procedimento 🧄🥗🍄

_____
_____
_____
_____
_____
_____
_____
_____
_____
_____
_____

🥒🍋🥦 Note 🧅🧅🥬

_____

Ricetta 58:

Porzioni

Tempo di Preparazione

Tempo di Cottura

Temperatura

Ingredienti

Procedimento

Note

Ricetta 59:

Porzioni

Tempo di Preparazione

Tempo di Cottura

Temperatura

Ingredienti

Procedimento

Note

Ricetta 60: _____

Porzioni _____

Tempo di Preparazione _____

Tempo di Cottura _____

Temperatura _____

Ingredienti

_____
_____
_____
_____
_____

_____
_____
_____
_____
_____

Procedimento

_____
_____
_____
_____
_____
_____
_____
_____
_____
_____

Note

Ricetta 61:

Porzioni

Tempo di Preparazione

Tempo di Cottura

Temperatura

Ingredienti

Procedimento

Note

Ricetta 62: _____

🍴 _____ Porzioni   ⏱ _____ Tempo di Preparazione   🍲 _____ Tempo di Cottura   🌡 _____ Temperatura

Ingredienti

_____
_____
_____
_____
_____
_____

_____
_____
_____
_____
_____
_____

Procedimento

_____
_____
_____
_____
_____
_____
_____
_____
_____
_____
_____
_____

Note

_____

Ricetta 63: _____

🍽 _____ Porzioni   ⏱ _____ Tempo di Preparazione   🍲 _____ Tempo di Cottura   🌡 _____ Temperatura

Ingredienti

_____ _____
_____ _____
_____ _____
_____ _____
_____ _____

Procedimento

_____
_____
_____
_____
_____
_____
_____
_____
_____
_____
_____

Note

_____

Ricetta 64: _____

🍽 _____ Porzioni   ⏱ _____ Tempo di Preparazione   ⏲ _____ Tempo di Cottura   🌡 _____ Temperatura

Ingredienti

_____   _____
_____   _____
_____   _____
_____   _____
_____   _____

Procedimento

_____
_____
_____
_____
_____
_____
_____
_____
_____
_____
_____

Note

_____

Ricetta 65:

Porzioni

Tempo di Preparazione

Tempo di Cottura

Temperatura

Ingredienti

Procedimento

Note

Ricetta 66:

Porzioni

Tempo di Preparazione

Tempo di Cottura

Temperatura

Ingredienti

Procedimento

Note

Ricetta 67:

Porzioni

Tempo di Preparazione

Tempo di Cottura

Temperatura

Ingredienti

Procedimento

Note

Ricetta 68:

Porzioni
Tempo di Preparazione
Tempo di Cottura
Temperatura

Ingredienti

Procedimento

Note

Ricetta 69:

Porzioni

Tempo di Preparazione

Tempo di Cottura

Temperatura

Ingredienti

Procedimento

Note

Ricetta 70: _____

🍽️ _____ Porzioni   ⏱️ _____ Tempo di Preparazione   🍲 _____ Tempo di Cottura   🌡️ C° Temperatura

Ingredienti

_____ _____
_____ _____
_____ _____
_____ _____
_____ _____

Procedimento

_____
_____
_____
_____
_____
_____
_____
_____
_____
_____

Note

_____

Ricetta 11: _____

🍽 _____ Porzioni　　⏱ _____ Tempo di Preparazione　　🍳 _____ Tempo di Cottura　　🌡 _____ Temperatura

Ingredienti

_____　　_____
_____　　_____
_____　　_____
_____　　_____
_____　　_____
_____　　_____

Procedimento

_____
_____
_____
_____
_____
_____
_____
_____
_____
_____
_____
_____

Note

_____

Ricetta 12:

Porzioni

Tempo di Preparazione

Tempo di Cottura

Temperatura

Ingredienti

Procedimento

Note

Ricetta 13: _____

🍽 _____ Porzioni   ⏱ _____ Tempo di Preparazione   🍲 _____ Tempo di Cottura   🌡 _____ Temperatura

🫑 🍗 🍋 Ingredienti 🧀 🐟 🍅

_____   _____
_____   _____
_____   _____
_____   _____
_____   _____
_____   _____

🍆 🥒 🥕 Procedimento 🧄 🌶 🍄

_____
_____
_____
_____
_____
_____
_____
_____
_____
_____
_____
_____
_____

🥒 🍋 🥦 Note 🧅 🌰

_____

Ricetta 74:

Porzioni

Tempo di Preparazione

Tempo di Cottura

Temperatura

Ingredienti

Procedimento

Note

Ricetta 15: _____

🍽 _____ **Porzioni**   ⏱ _____ **Tempo di Preparazione**   🔥 _____ **Tempo di Cottura**   🌡C° _____ **Temperatura**

Ingredienti

_____   _____
_____   _____
_____   _____
_____   _____
_____   _____

Procedimento

_____
_____
_____
_____
_____
_____
_____
_____
_____
_____
_____
_____

Note

_____

Ricetta 16:

Porzioni

Tempo di
Preparazione

Tempo di
Cottura

Temperatura

Ingredienti

Procedimento

Note

Ricetta 11: _____

Porzioni _____

Tempo di Preparazione _____

Tempo di Cottura _____

Temperatura _____

Ingredienti

_____   _____
_____   _____
_____   _____
_____   _____
_____   _____

Procedimento

_____
_____
_____
_____
_____
_____
_____
_____
_____
_____
_____

Note

Ricetta 78:

_____

Porzioni

Tempo di Preparazione

Tempo di Cottura

Temperatura

Ingredienti

_____   _____
_____   _____
_____   _____
_____   _____
_____   _____

Procedimento

_____
_____
_____
_____
_____
_____
_____
_____
_____
_____

Note

_____

Ricetta 79: _____

🍽 _____ Porzioni ⏱ _____ Tempo di Preparazione 🍲 _____ Tempo di Cottura 🌡 _____ Temperatura

🫑🐔🍋 Ingredienti 🧀🐟🍅

_____ _____
_____ _____
_____ _____
_____ _____
_____ _____

🍆🌶🥕 Procedimento 🧄🫛🍄

_____
_____
_____
_____
_____
_____
_____
_____
_____
_____
_____
_____
_____

🥒🍋🥦 Note 🧅🧅🧄

_____

Ricetta 80:

Porzioni

Tempo di Preparazione

Tempo di Cottura

Temperatura

Ingredienti

Procedimento

Note

Ricetta 81:

Porzioni

Tempo di Preparazione

Tempo di Cottura

Temperatura

Ingredienti

Procedimento

Note

Ricetta 82:

🍴 Porzioni

⏱ Tempo di Preparazione

🔥 Tempo di Cottura

🌡 Temperatura

Ingredienti

Procedimento

Note

Ricetta 83: _____

🍽 _____ Porzioni   ⏱ _____ Tempo di Preparazione   🍲 _____ Tempo di Cottura   🌡 _____ Temperatura

Ingredienti

_____   _____
_____   _____
_____   _____
_____   _____
_____   _____

Procedimento

_____
_____
_____
_____
_____
_____
_____
_____
_____
_____
_____

Note

_____

Ricetta 84:

Porzioni

Tempo di Preparazione

Tempo di Cottura

Temperatura

Ingredienti

Procedimento

Note

Ricetta 85: _____

🍽 _____ **Porzioni**   ⏱ _____ **Tempo di Preparazione**   🍲 _____ **Tempo di Cottura**   🌡 _____ **Temperatura**

🫑🍗🍋 Ingredienti 🧀🐟🍅

_____   _____
_____   _____
_____   _____
_____   _____
_____   _____

🍆🌶🥕 Procedimento 🧄🫛🍄

_____
_____
_____
_____
_____
_____
_____
_____
_____
_____
_____
_____

🥒🍋🥦 Note 🥬🧅🍠

_____

Ricetta 86: _____

🍽 _____ Porzioni   ⏱ _____ Tempo di Preparazione   🍳 _____ Tempo di Cottura   🌡 _____ Temperatura

🫑 🍗 🍋 Ingredienti 🧀 🐟 🍅

_____   _____
_____   _____
_____   _____
_____   _____
_____   _____

🍆 🌶 🥕 Procedimento 🧄 🌿 🍄

_____
_____
_____
_____
_____
_____
_____
_____
_____
_____

🥒 🍋 🥦 Note 🧅 🧄

Ricetta 87: _____

🍽 _____ Porzioni

⏱ _____ Tempo di Preparazione

🍲 _____ Tempo di Cottura

🌡 °C _____ Temperatura

🫑🍗🍋 Ingredienti 🧀🐟🍅

_____
_____
_____
_____
_____

_____
_____
_____
_____
_____

🍆🌶🥕 Procedimento 🧄🥗🍄

_____
_____
_____
_____
_____
_____
_____
_____
_____
_____
_____
_____

🥒🍋🥦 Note 🧅🌿

_____

Ricetta 88:

Porzioni

Tempo di Preparazione

Tempo di Cottura

Temperatura

Ingredienti

Procedimento

Note

Ricetta 89: _____

🍽 _____ Porzioni   ⏱ _____ Tempo di Preparazione   🍳 _____ Tempo di Cottura   🌡 _____ Temperatura

🫑 🍗 🍋 Ingredienti 🧀 🐟 🍅

_____   _____
_____   _____
_____   _____
_____   _____
_____   _____
_____   _____

🍆 🌶 🥕 Procedimento 🧄 🫛 🍄

_____
_____
_____
_____
_____
_____
_____
_____
_____
_____
_____
_____

🥒 🍋 🥦 Note 🧅 🧄 🥬

_____

Ricetta 90: _____

Porzioni _____   **Tempo di Preparazione** _____   **Tempo di Cottura** _____   **Temperatura** _____

Ingredienti

_____   _____
_____   _____
_____   _____
_____   _____
_____   _____
_____   _____

Procedimento

_____
_____
_____
_____
_____
_____
_____
_____
_____
_____
_____
_____

Note

_____

Ricetta 91: _____

Porzioni _____

Tempo di Preparazione _____

Tempo di Cottura _____

Temperatura _____

Ingredienti

_____   _____
_____   _____
_____   _____
_____   _____
_____   _____

Procedimento

_____
_____
_____
_____
_____
_____
_____
_____
_____
_____
_____

Note

_____

Ricetta 92: _____

🍽 _____ Porzioni ⏱ _____ Tempo di Preparazione 🍲 _____ Tempo di Cottura 🌡 C° _____ Temperatura

🫑 🍗 🍋 Ingredienti 🧀 🐟 🍅

_____   _____
_____   _____
_____   _____
_____   _____
_____   _____
_____   _____

🍆 🥒 🥕 Procedimento 🧄 🫛 🍄

_____
_____
_____
_____
_____
_____
_____
_____
_____
_____
_____
_____

🥒 🍋 🥦 Note 🧅 🧄 🥬

_____

Ricetta 93: _____

Porzioni _____

Tempo di Preparazione _____

Tempo di Cottura _____

Temperatura _____

Ingredienti

_____   _____

_____   _____

_____   _____

_____   _____

_____   _____

_____   _____

Procedimento

_____

_____

_____

_____

_____

_____

_____

_____

_____

_____

_____

Note

_____

Ricetta 94:

Porzioni

Tempo di Preparazione

Tempo di Cottura

Temperatura

Ingredienti

Procedimento

Note

Ricetta 95:

🍽 _____ Porzioni

⏱ _____ Tempo di Preparazione

📟 _____ Tempo di Cottura

🌡C° _____ Temperatura

Ingredienti

_____ _____
_____ _____
_____ _____
_____ _____
_____ _____
_____ _____

Procedimento

_____
_____
_____
_____
_____
_____
_____
_____
_____
_____
_____
_____

Note

Ricetta 96: _____

🍴 _____ Porzioni   ⏱ _____ Tempo di Preparazione   🍲 _____ Tempo di Cottura   🌡 _____ C° Temperatura

🫑 🍗 🍋 Ingredienti 🧀 🐟 🍅

_____   _____
_____   _____
_____   _____
_____   _____
_____   _____
_____   _____

🍆 🌶 🥕 Procedimento 🧄 🫛 🍄

_____
_____
_____
_____
_____
_____
_____
_____
_____
_____
_____
_____

🥒 🍋 🥦 Note 🥬 🧅 🌰

_____

Ricetta 97: _____

🍴 _____ Porzioni

⏱ _____ Tempo di Preparazione

🍲 _____ Tempo di Cottura

🌡 C° _____ Temperatura

Ingredienti

_____   _____
_____   _____
_____   _____
_____   _____
_____   _____

Procedimento

_____
_____
_____
_____
_____
_____
_____
_____
_____
_____
_____

Note

_____

Ricetta 98:

Porzioni

Tempo di Preparazione

Tempo di Cottura

Temperatura

Ingredienti

Procedimento

Note

Ricetta 99:

Porzioni

Tempo di Preparazione

Tempo di Cottura

Temperatura

Ingredienti

Procedimento

Note

Ricetta 100:

Porzioni

Tempo di Preparazione

Tempo di Cottura

Temperatura

Ingredienti

Procedimento

Note

Made in the USA
Las Vegas, NV
24 July 2024